BEI GRIN MACHT SICH IHR WISSEN BEZAHLT

- Wir veröffentlichen Ihre Hausarbeit,
  Bachelor- und Masterarbeit

- Ihr eigenes eBook und Buch -
  weltweit in allen wichtigen Shops

- Verdienen Sie an jedem Verkauf

Jetzt bei www.GRIN.com hochladen
und kostenlos publizieren

Bibliografische Information der Deutschen Nationalbibliothek:

Die Deutsche Bibliothek verzeichnet diese Publikation in der Deutschen National-
bibliografie; detaillierte bibliografische Daten sind im Internet über http://dnb.d-
nb.de/ abrufbar.

Dieses Werk sowie alle darin enthaltenen einzelnen Beiträge und Abbildungen
sind urheberrechtlich geschützt. Jede Verwertung, die nicht ausdrücklich vom
Urheberrechtsschutz zugelassen ist, bedarf der vorherigen Zustimmung des Verla-
ges. Das gilt insbesondere für Vervielfältigungen, Bearbeitungen, Übersetzungen,
Mikroverfilmungen, Auswertungen durch Datenbanken und für die Einspeicherung
und Verarbeitung in elektronische Systeme. Alle Rechte, auch die des auszugsweisen
Nachdrucks, der fotomechanischen Wiedergabe (einschließlich Mikrokopie) sowie
der Auswertung durch Datenbanken oder ähnliche Einrichtungen, vorbehalten.

Impressum:

Copyright © 2015 GRIN Verlag, Open Publishing GmbH
Druck und Bindung: Books on Demand GmbH, Norderstedt Germany
ISBN: 9783668337114

Dieses Buch bei GRIN:

http://www.grin.com/de/e-book/343732/professionalitaet-in-der-weiterbildungsge-
sellschaft-heimlicher-lehrplan

Martina Kellner-Fichtl

Professionalität in der Weiterbildungsgesellschaft. Heimlicher Lehrplan, organisationales Lernen und Selbstverständnis der Erwachsenenbildung

GRIN Verlag

GRIN - Your knowledge has value

Der GRIN Verlag publiziert seit 1998 wissenschaftliche Arbeiten von Studenten, Hochschullehrern und anderen Akademikern als eBook und gedrucktes Buch. Die Verlagswebsite www.grin.com ist die ideale Plattform zur Veröffentlichung von Hausarbeiten, Abschlussarbeiten, wissenschaftlichen Aufsätzen, Dissertationen und Fachbüchern.

Besuchen Sie uns im Internet:

http://www.grin.com/

http://www.facebook.com/grincom

http://www.twitter.com/grin_com

Inhaltsverzeichnis

Gender-Hinweis: In meinen Ausführungen verwende ich aus Vereinfachungsgründen sowohl die männliche als auch die weibliche Form abwechselnd. Die jeweils andere Form ist miteingeschlossen.

Einsendeaufgabe 1: Der Lebenslauf als subtil wirksamen Integrationsprogramm der Gesellschaft

Erörtern Sie die bildungspolitischen Hintergründe des Vorhabens: Was bedeutet es, vom Lebenslauf als einem „subtil wirksamen Integrationsprogramm der Gesellschaft" zu sprechen? Erläutern Sie diese These, indem Sie auf die von Habermas beschriebenen Identitätsbewegungen eingehen und vergleichen Sie diese mit der bildungspolitischen Leitlinie des BMBF.

Das dargestellte Szenario beschreibt eine Weiterbildungseinrichtung, welche ein neues Konzept im Sinne des selbstgesteuerten Lernens entwickelt hat und hierfür bereits die finanzielle Zusage von Projektgeldern aus einem EU-Förderprogramm erhalten hat. Nun sind die tätigen Fachpersonen an der Weiterbildungseinrichtung gefordert, ein Konzept mit konkreten Schritten der Umsetzung zu planen, welches sich an den Erfordernissen des erwachsenen Lernens orientiert und die nicht immer freiwillig sich weiterbildenden Erwachsenen motivieren kann. Die dort tätigen Personen müssen selbst hinzulernen, sich informieren, beraten usw. um ein aktuelles Lehrangebot für die angedachte Zielgruppe zu entwickeln und am Bildungsmarkt bestehen zu können. Hierzu ist es erforderlich, dass sich die Weiterbildungseinrichtung finanziell trägt und gesellschaftliche Veränderungen zeitnah erkennt und diese in die Ausgestaltung der Lehrangebote miteinbezieht – sowohl inhaltlich als auch organisatorisch. Eine herausfordernde Aufgabe der Erwachsenenbildung ist es, Lernangebote zu gestalten, welche viele der weiterbildungsbereiten Erwachsenen anspricht. So dass ein individuelles subjektbezogenes Lernen ermöglicht wird. Hier kommt die Ermöglichungsdidaktik zum Zuge. Personen besitzen unterschiedliche Lebenserfahrungen, Lernerfahrungen, Lernstile usw. . Dabei wird der Gedanke des Selbstlernens/der Selbstbildung an Gewichtung gewinnen. Denn Untersuchungen von David W. Livingstone haben gezeigt, dass die Menschen zu 80% im alltäglichen Leben, in ihrer Arbeitswelt in der Bewältigung ihres Alltags lernen. Hier zeigt sich die Entgrenzung des Lernens (vgl. Arnold, 2010, S. 11 nach Lifingstone, 1999, S. 78). Teilweise wird ja postuliert, dass Lernen überall möglich ist. Der Trend zur informellen Bildung bedarf jedoch der „ (…)Bereitstellung von Angeboten zur Optimierung der Selbstführung in Lernprozessen." (Arnold, 2010, S. 11) Lehrende werden hier zu Lernbegleitern. In dem dargestellten Szenario ist es, im Sinne einer zeitgemäßen Bildungspolitik wichtig, geeignete Dienstleistungsstrukturen zu fördern. Die arbeitssuchenden Menschen besitzen bereits eine Erstausbildung besitzen somit eigene Lernerfahrungen, sind also keine „Lernneulinge". Möglichkeiten des angeleiteten Studiums sowie eLearning Module können sowohl der zeitlichen als auch der örtlichen Flexibilität der teilnehmenden Erwachsenen sowie einer zeitgemäßen Bildung, Rechnung tragen (vgl. Arnold, 2010, S. 12).

Vom Lebenslauf als einem „subtil wirksamen Integrationsprogramm der Gesellschaft" wird gesprochen, wenn von den Mitgliedern der Gesellschaft immer mehr Anpassung in der Lebens- und Arbeitswelt gefordert wird. Wenn beispielsweise noch mehr kognitive, zeitliche und örtliche Flexibilität, immer schnellere und komplexere Arbeitsgänge zu erledigen sind, allen Anforderungen der Globalisierung entsprochen werden soll . Jeder Einzelne kann sich somit fragen, welche Auswirkungen dieser Wandlungsdruck auf die eigene Identitätsbalance hat oder haben kann (vgl. Arnold, 2010, S. 4).

Die soziale und personale Identität hängen, nach Habermas zusammen. Die Person ist sozusagen doppelt gefordert. Einmal durch das Bemühen, so zu sein, wie kein anderer Mensch und bezüglich seiner eigenen Lebensgeschichte kongruent zu bleiben. Dies ist die Personale Identität, die „Ich-Identität" (Arnold, 2010, S. 3) Andererseits ist die Person bemüht den Anforderungen/Erwartungen seiner Bezugspersonen gerecht zu werden und diese in sein aktuelles Selbstbild zu integrieren und sich demensprechend zu verhalten. Jede Person hat unterschiedliche Rollen mit verschiedenen Erwartungen inne. Diese doppelte Anforderung verlangt, dass der Mensch seine personale und seine soziale Identität ständig ausbalanciert. Zum einen zwischen dem, was er biografisch erlebt hat, hierzu zählen auch seine bisherigen Erfahrungen in Bezug auf die Bildung, und zum anderen seine Ideen dazu, was er derzeit in Bezug auf seine derzeitige Umgebung zu sein hat. Wenn eine Person eine gelungene Balance zwischen der eigenen Biografie und den aktuellen Rollenanforderungen gefunden hat, so kann von einer „Ich-Identität" gesprochen werden. So werden Menschen, welche sich weiterbilden nicht nur ihrem eigenen Verlangen nach mehr Wissen gerecht sondern es kann ebenso gesellschaftsfördernd sein. Indem sich beispielsweise unsere Studierenden mit dem Thema Inklusion beschäftigen und dieses in ihren jeweiligen Institutionen versuchen praktisch umzusetzen, leisten sie einen Teil der noch anstehenden Arbeit hin zu einer „inklusiven Gesellschaft".

Die bildungspolitische Leitlinie des Bundesministeriums für Bildung und Forschung (BMBF) besagt, dass Lebenslanges Lernen enorm wichtig ist um Bildungschancen zu erhalten und seine Lebens- sowie Arbeitswelt individuell gestalten zu können. Das Lernen des Einzelnen ist ebenso wichtig für eine erfolgreiche Wirtschaftswelt und die zukünftige Gestaltung der Gesellschaft.

„(…) Wissen sowie die Fähigkeit, das erworbene Wissen anzuwenden, müssen durch Lernen im Lebenslauf ständig angepasst und erweitert werden. Nur so können persönliche Orientierung, gesellschaftliche Teilhabe und Beschäftigungsfähigkeit erhalten und verbessert werden. Deshalb ist der `Wert des Lernens` zu erhöhen, unabhängig davon, ob das Lernen in erster Linie zur Weiterentwicklung der Beschäftigungsfähigkeit, zur Ausübung des bürgerschaftlichen Engagements oder aus rein privaten Gründen erfolgt[3]." (Arnold, 2010, S. 5 zitiert nach http://www.bmbf.de/de/411.php) Weiterbildungsinstitutionen müssen dies im Blick haben und ihre Lernangebote demensprechend ausrichten.

Einsendeaufgabe 2: Der „heimliche Lehrplan"

Was versteht man unter dem sogenannten heimlichen Lehrplan? Unterscheiden Sie zwischen seinen Wirkungen im schulischen und im Weiterbildungsbereich. Über welche Haltungen und Maßnahmen lassen sich seine negativen Wirkungen reduzieren?

Unter dem sogenannten heimlichen Lehrplan ist zu verstehen, dass Lehrende „– auch unbewusst – für die Aufrechterhaltung von Normen und Verhaltenskonformitäten sorgen" (Müller-Commichau, 2011, S. 23) Jürgen Zinnecker führte diesen Begriff in die öffentliche Diskussion in Deutschland ein.

Zinnecker zeigt Auswirkungen des heimlichen Lehrplans im schulischen Bereich auf. Diese vier Auswirkungen führe ich im Folgenden an.

Hierarchische Ordnung. Sie besagt, dass dem Lehrer mehrere Rollen im hierarchischen Bereich z. B. als Platzverteiler zugesprochen werden. Die Schüler müssen sich in ein formales System unter- und überordnen können. Konformes Verhalten führt zur Belohnung und nicht normgerechtes Verhalten zur Bestrafung (vgl. Müller-Commichau, 2011, S. 23).

Die Leistungsbezogene Konkurrenz „Der Lehrer ermahnt die Faulen und lobt die Fleißigen. Er unterrichtet kollektiv und zensiert individuell. Die Schüler lernen, dass der eigene Leistungserfolg auf dem Misserfolg der Konkurrenten fußt" (Müller-Commichau, 2011, S. 23).

Sprachliche Normierung „Der Lehrer normiert die im Klassenzimmer zugelassene Sprache. Er unterdrückt den Jargon der jugendlichen Subkulturen. Die Schüler passen sich an. Sie erlernen die Sprache der Schule (und das ist die Mittelschichtsprache) oder sie schweigen" (Müller-Commichau, 2011, S. 24).

Markierung Die Lehrer erwarten in den Fächern eine Eigenmotivation der Schüler. Eine „intrinsische Motivation" und persönliches Interesse an den verschiedenen Inhalten der Fächer. Die Schüler müssen sich, da dies zu viel verlangt ist, mit den Lehrern und den Anforderungen an die Motivation und dem Sachinteresse arrangieren. Hierbei kommen die Schüler auf vielfältige Ideen, was als „Maskierung" bezeichnet wird. Beispielsweise lernen Schüler einfach mal zu nicken und so zu tun als ob Sie, wenn der Lehrer Kluges artikuliert, zuhören und mitdenken würden (vgl. Müller-Commichau, 2011, S. 24).

Im Weiterbildungsbereich kommen noch weitere Auswirkungen des sogenannten heimlichen Lehrplans hinzu.

So erinnert das Lernambiente die erwachsenen Lerner oft negativ an ihre eigene Schulzeit. Indem sie beispielsweise in Klassenzimmern mit Tafel und Kreide sitzen.

Habitus und Sprache der Lehrenden wirken auf lernungewohnte Lerner sehr normativ und die Teilnehmer fühlen sich minderwertig. Diese Minderwertigkeitsgefühle versuchen die Teilnehmer unterschiedlich zu kompensieren.

Lehrende kompensieren manchmal ihre Unsicherheit bezüglich der teilweise wesentlich älteren Teilnehmer mit einer Überbetonung ihres Wissensvorsprungs.

Oft sind die Teilnehmer von Weiterbildungsmaßnahmen „fremdmotivierte" Teilnehmer, welche von der Agentur für Arbeit geschickt wurden. Sie „müssen mehr oder weniger intrinsische Motivation" vorspielen, damit die finanzielle Unterstützung aufrechterhalten wird.

Die Gegenseitigen Erwartungen der Lehrenden an die Lerner und umgekehrt werden zu Beginn der Weiterbildungsmaßnahmen nicht angesprochen. Somit agieren beide Seiten nur mit Vermutungs-Vermutungen (vgl. Müller-Commichau, 2011, S. 25).

Die negativen Wirkungen des sogenannten heimlichen Lehrplans lassen sich durch folgende **Haltung und nachgenannte Maßnahmen** reduzieren.

Im schulischen Bereich betont Meyer das Entgegenwirken des Untertanengeists. So soll die Schulleitung als gutes Beispiel vorangehen und die pädagogischen Prinzipien im Umgang mit den Kollegen anwenden. Gemeinsam soll an einem Leitbild für guten Unterricht gearbeitet werden, welches ein positives Schulklima gestalten kann. Die Lehrkräfte selbst sollen positive Kommunikationsformen erleben dürfen, da sie diese dann auch wertschätzend an die Schüler weitergeben können (vgl. Müller-Commichau, 2011, S. 24). Die Anwendung positiver Kommunikationsformen finde ich auch im Weiterbildungsbereich wichtig. Hierbei fällt mir die **personenzentrierte Haltung** nach Carl Rogers ein. Eine Haltung, welche geprägt ist von gegenseitiger Wertschätzung und Respekt – unabhängig davon, in welcher Rolle sich die Person befindet. Ebenso beinhaltet diese Haltung empathisches Verstehen im Umgang mit beispielsweise Lernproblemen der Schüler/Teilnehmer sowie eigenes kongruentes und transparentes Verhalten des Lehrenden gegenüber den Lernern um Mißverständnissen im Voraus vorzubeugen. Eine personenzentrierte und **dialogische Haltung** des Lehrenden gegenüber den Lernenden kann als gewinnbringend bezeichnet werden, da den Lernenden auf Augenhöhe begegnet wird und ein aktives Lerngeschehen, ein konstruktives Miteinander entstehen lässt, welche das Individuum und den Prozess des Lernens in den Vordergrund rücken.

Meyer zählt noch weitere Punkte auf, welche die negativen Auswirkungen reduzieren können. Es soll darauf verzichtet werden, dass eine Ballung von Schülern aus Risikogruppen vorgenommen wird. Schülern aus Risikogruppen soll eine besondere Förderung zukommen. Unterrichtsabläufe sollen klar strukturiert sein und einen hohen Anteil an echter Lernzeit ohne Organisationsaufgaben beinhalten (vgl. Müller-Commichau, 2011, S. 24 zitiert nach Meyer, 2007, S. 168)

Die zentrale Gegenmaßnahme gegen die negativen Wirkungen des heimlichen Lehrplans liegt darin, die oben aufgeführten Phänomene zu benennen. Dies soll von Seiten der Lehrenden geschehen. Sie sollen darauf hinweisen, dass dies ihre subjektive Wahrnehmung ist und nicht objektiv beschreibbare Fehlverhalten darstellen. Lerner sollen sich also ihre persönlichen Wahrnehmungen aussprechen trauen, auch wenn diese anders ausfällt als die der lehrenden Person (vgl. Müller-Commichau, 2011, S. 25). Dies führt zu Transparenz und beugt Mißverständnissen sowie falschen Erwartungshaltungen vor. Lehrende müssen um diese Phänomene wissen und bereit sein ihr eigenes Lehrverhalten zu reflektieren. Sie müssen sich dementsprechend qualifizieren und sich ihrer eigenen Haltung sowie deren Auswirkungen auf die Lehrenden und den Lernprozess bewusst werden.

Einsendeaufgabe 3: Stärken und Schwächen des organisationalen Lernens

Was wird im internationalen wissenschaftlichen Diskurs unter „organisationalem Lernen" verstanden? Wo sind die Schwächen, wo die Stärken dieses Lernkonzepts erkennbar?

Im internationalen wissenschaftlichen Diskurs wird unter **„organisationalem Lernen"** folgendes verstanden: Argyris und Schön postulieren, dass eine Organisation immer dann lernt, wenn Sie sich Informationen egal auf welche Weise auch immer, aneignet (vgl. Argyris/Schön, 1999, S. 19). Sinnvolles Lernen für Organisationen ist dann gegeben, wenn sich die Entwicklungen in Bezug auf die Organisation positiv auswirken. Indem die Mitarbeiter sich Wissen und Können aneignen, verbessern sie langfristig betrachtet die Aufgaben- bzw. Zielerfüllung der Einrichtung. Der **Begriff Organisation** ist im Wirtschaftslexikon „Onpulson" wie folgt betriebswirtschaftlich orientiert definiert:

„Eine Organisation ist eine Zusammenstellung von Menschen und Ressourcen, die auf geplante Art und Weise zusammenarbeiten, um bestimmte strategische Ziele zu erreichen. Eine Organisation kann stark strukturiert sein, wie ein Unternehmen oder eine Firma im privaten oder öffentlichen Sektor, oder eine Vereinigung, die nicht auf Gewinnstreben ausgerichtet ist" (Müller-Commichau, 2011, S. 73 zitiert nach Onpulson-Wirtschaftslexikon, o.J., o.S.).

Argyris betont, dass es wichtig ist, alle Mitarbeiter eines Unternehmens/Organisation in die anstehenden Prozesse einzubeziehen. Es ist organisationsdienlich, wenn eine Bottom-up-Dynamik vorherrscht, da hierdurch auch von der Basisbelegschaft Lernimpulse ausgehen. Die Mitarbeiter werden sich umso mehr einbringen, je mehr sie sich mit dem Ganzen identifizieren können (vgl. Müller-Commichau, 2011, S. 76). Es werden Querdenker benötigt, die bereit sind Neues auszuprobieren und ihre Ideen, vorerst ohne Realitätsprüfung, zu sammeln und diese probe zu Handeln (vgl. Müller-Commichau, 2011, S. 77).

Die amerikanischen Organisationsentwickler Argyris und Schön stellten folgendes Lernkonzept vor, welches drei Formen nennt, bei denen Lernen ermöglicht wird.

- „Single Loop Learning: das Anpassungslernen innerhalb eines vorgegebenen Rahmens
- Double Loop Learning: ein Veränderungslernen durch Überprüfung der Rahmenbedingungen
- Deutero Learning: das Lernen des Lernens oder Prozesslernen" (Müller-Commichau, 2011, S. 75).

Als nächstes stelle ich die **Schwächen** des Lernkonzepts vor.

Es stellt sich die Frage, wie können, vor allem in großen Unternehmen, viele Individuen einer Organisation auf ein Ziel hinarbeiten obwohl jeder Einzelne seine eigene persönliche Repräsentation der Welt vornimmt. Wenn sich die Mitarbeiter untereinander unterhalten, so kann dies auch zur Veränderung der eigenen persönlichen Repräsentation der Welt dienen. Meines Erachtens wird in dem Ansatz von Argyris zu wenig darauf eingegangen wie ein Ziel genau zu definieren ist, damit es Gesamtheitlich von allen Mitgliedern der Organisation verfolgt werden kann.

Das Lernkonzept geht davon aus, dass das Lernergebnis der Mitglieder einer Organisation immer positiv sei. Dies muss nicht immer so sein. Wie ist es zu handhaben, wenn es negativ verläuft?

Ebenso geht das Lernkonzept davon aus, dass alle Organisationsmitglieder immer an der Weiterentwicklung des Organisation arbeiten möchten. Dies muss nicht zwangsläufig so sein. Die Realität zeigt, dass Mitarbeiter einfach oft nur ihre Stunden und ihre Tätigkeiten ableisten und erledigen möchten ohne sich dabei genauer damit zu befassen wie ihre Organisation, in der Sie tätig sind, verbessert werden kann.

Im Lernkonzept wird nicht beschrieben, ab wann Regeln und Normen sowie bisheriges Wissen wieder vergessen werden darf und wie dies vor sich gehen soll.

Als **Stärke** dieses Lernkonzepts bewerte ich die Haltung, dass ungewöhnliche Wahrnehmungen erwünscht sind und zugelassen werden. Ohne diese gleich durch eine Funktionalisierungs- und Realisierbarkeitsprüfung zu verbannen (vgl. Müller-Commichau, 2011, S. 76f). Dadurch trauen sich auch evtl. zurückhaltendere Mitarbeiter oder Personen mit sehr ausgefallenen Ideen ihre Gedanken und ihr Wissen einzubringen bzw. zu diskutieren. „Probehandeln muss möglich sein, das auch die völlige Umwandlung bestehender Strukturen nicht tabuisiert." (Müller-Commichau, 2011, S. 77)

Eine weitere Stärke sehe ich in der Selbstverwirklichung des Einzelnen durch die Arbeit. Es ergibt sich die Chance selbstbestimmt zu arbeiten und in seiner Arbeit einen Sinn zu erkennen (vgl. Müller-Commichau, 2011, S. 77).

In Bezug auf die Organisationen kann es zu einer „(...) Verbesserung der Wettbewerbschancen durch eine sensiblere Beobachtung des Marktes bzw. der Mitbewerber, verbunden mit der Fähigkeit, flexibel auf wahrgenommene Veränderungen zu reagieren; [kommen]." (Müller-Commichau, 2011, S. 77)

Dadurch kann eine kollektive Intelligenz erlebt werden bei der alle an einem Ganzen arbeiten (vgl. Müller-Commichau, 2011, S. 77).

Einsendeaufgabe 4: Selbstverständnis und Bildungskonzept des Erwachsenenbildners in „Der kleine Prinz und der Erwachsenenbildner"

Lesen Sie die Glosse „Der kleine Prinz und der Erwachsenenbildner" und beantworten sie dazu folgende Fragen:

> *1) Von welchem Selbstverständnis lässt sich der Erwachsenenbildner leiten?*
>
> *2) Von welchem Bildungskonzept geht der Erwachsenenbildner aus?*

Zu 1)

Als „Selbstverständnis" wird das Menschenbild bezeichnet, das jedes Individuum von sich selbst hat.

Der Erwachsenenbildner in der Glosse geht von einem unselbstständigen Individuum aus, welches nicht weiß, was für ihn gut ist und was es lernen soll. Das Individuum muss gesagt bekommen was und wieviel es wie lernen soll/darf. Der Erwachsenenbildner in der Glosse möchte den Erwachsenen „klein halten". Er möchte, dass sich das Individuum nicht vertieft mit den Lerninhalten auseinandersetzt. Somit kann das Individuum nicht großartig wiedersprechen und es wird die Weiterentwicklung der Entfaltung der Persönlichkeit des Individuums verhindert. Der Erwachsenenbildner hat ein Menschenbild, welches seinem Gegenüber nicht zutraut, dass er selbst erfolgreich nach Lösungen für seine Probleme suchen und diese finden kann. Er, der Erwachsenenbildner besitzt ein negatives Bild vom Menschen bezüglich seines Bildungsstandes, welchen diese haben. Er äußert: „Fast alle Menschen sind heute ungebildet,..." (Rohde, 1991, S. 36). Ebenso äußert der Erwachsenenbildner: „Ich spreche mit ihnen." (Rohde, 1991, S. 36) Dies impliziert, dass der Erwachsenenbildner davon ausgeht, dass der Mensch von außen Antrieb und Motivation benötigt und unfähig ist sich selbst von innen heraus (intrinsische Motivation) zu motivieren und die Verantwortung für sich selbst zu übernehmen.

Zu 2)

Ein Bildungskonzept ist eine Auflistung der Ziele und angedachten Handlungen um ein bestimmtes Vorhaben (Wissen zu erlangen und anwenden zu können) umsetzen zu können.

Die Ziele sowie angedachten Handlungen des Erwachsenenbildners, um den Lernenden Wissen zu vermitteln, leiten sich von dem oben dargelegten Menschenbild ab.

Der Erwachsenenbildner in der Glosse geht von einem Bildungskonzept aus, welches die Vermittlungsdidaktik in den Vordergrund und das einzelne Individuum mit seiner individuellen Lebenswelt, in den Hintergrund rückt. Wissen wird hier vom Erwachsenenbildner als Macht benutzt. Evtl. auch aus Angst vor der eigenen Angreifbarkeit, wenn die Fassade des „allwissenden Erwachsenenbildners" bröckelt. Er listet dem kleinen Prinzen seine Studienfächer auf, welche er absolviert hat, kann jedoch keine begründete und reflektierte Antwort auf die Frage des kleinen Prinzen geben. Er versucht sich zu rechtfertigen indem er sagt: „und außerdem habe ich an der Hochschule studiert", so als sei dies die Legitimation dafür, dass er kompetenz- und subjektorientiert unterrichtet. Der Erwachsenenbildner ist nicht bereit, sein eigenes Handeln im Bereich der Lehre zu reflektieren und hinterfragen zu lassen. Er versucht dem kleinen Prinzen auszuweichen, was leichter ist als sich evtl. verunsichern zu lassen durch das eigene hinterfragt werden. Sein Bildungskonzept beinhaltet somit Lehrende, welche nicht bereit sind, ihr eigenes Handeln hinterfragen zu lassen. Somit wird eine Entfaltung der Persönlichkeit und des beruflichen Handelns der Lehrenden stark begrenzt. Der Erwachsenenbildner sieht sich als über den Lernenden stehend. Er entscheidet was, wie, wo gelernt wird. Die Aussage: „Und wenn sie ihre Probleme ebenso sehen wie ich, dann mache ich für sie ein Bildungskonzept." Dies impliziert, dass er nur dann tätig wird, wenn Lernende die Herausforderungen/Probleme so sehen wie er. Hierbei ist der Erwachsenenbildner weit entfernt von einer Ermöglichungsdidaktik. Er lässt dem Individuum keinen Raum, seine persönlichen Bedürfnisse auszusprechen und für Schwierigkeiten selbst Lösungen zu suchen. Durch die Machtentfaltung des Erwachsenenbildners wird die innere Selbständigkeit des Lernenden geraubt. Diese Lernenden trauen sich – mehr oder weniger unbewusst – nicht mehr zu, ihr eigenes Verhalten und Handeln für ihr Leben zu finden.

Für die Entwicklung des Denkens ist die soziale Umgebung wichtig. Dies vernachlässigt der Erwachsenenbildner in seinem Bildungskonzept. Er betrachtet Bildung als reines vermitteln von Wissen, was auf Grund der unterschiedlichen Deutungsmuster der Individuen, nicht funktionieren kann. Eine Aneignungsperspektive wie bei Arnold oder Siebert ist nicht zu erkennen. Die Subjekte des Erwachsenenbildners in der Glosse werden wenig bis keine Möglichkeit der Selbstorganisation des Lernens erfahren. Der Erwachsenenbildner äußert: „Ich bin selbst ein Mensch". Dies kann heißen, er stülpt seine Sicht seinen Lernenden über. Somit wird das Individuum mit seiner persönlichen Lebenswelt nicht genügend beachtet.

Der letzte Absatz der Glosse, welcher nicht in der Fragestellung vorhanden ist, lautet wie folgt:

„Im Fortgehen begriffen fügte er hinzu: Wenn ich Bildung haben möchte, würde ich mir einen Freund suchen und mit ihm eine lange Reise machen. Da würden wir erfahren, was wir für das Leben brauchen" (unbekannter Autor; Flugblatt aus der Evangelischen Erwachsenenbildung).

Dieser letzte Satz zeigt auf, dass es nicht so sehr um das Vermitteln von Inhalten geht sondern vielmehr um die Beziehung zwischen Lehrendem und Lernenden sowie um den Lernprozess auf dessen Weg sich die Bildungsinhalte beim Individuum erst ergeben können. Dieses Wissen bezieht der Erwachsenenbildner in der Glosse nicht in sein Bildungskonzept mit ein. Er macht sich keine Gedanken darüber, was der wirkliche Inhalt seines Bildungskonzeptes sein soll – ausgerichtet am Individuum, welcher sich evtl. erst im Lernprozess ergibt. Ebenso ist nicht zu erkennen, wie er Zugang zum Individuum finden will. Der Beziehungsaspekt als wichtiger Lernfaktor ist für den Erwachsenenbildner anscheinend unwichtig.

Literaturverzeichnis

Argyris, C./Schön, D.: Die Lernende Organisation: Grundlagen, Methode, Praxis. Stuttgart 1999.

Arnold, R.: Die Entgrenzung der Weiterbildung. 1. Auflage. Kaiserslautern 2010.

Müller-Commichau, Wolfgang.: Grundlagen, Tendenzen und Optionen der Weiterbildungspolitik: Vom Recht auf Weiterbildung zum lebenslangen Lernen. 1. Auflage. Kaiserslautern 2011.

Rohde, J.: Der kleine Erwachsenenbildner. In: Informationen Weiterbildung, 2, ohne Ort 1991.

Wittwer, W./Mersch, A.: Professionalität und Qualität. 2., überarbeitete und aktualisiert Auflage. Kaiserslautern 2013.

BEI GRIN MACHT SICH IHR WISSEN BEZAHLT

- Wir veröffentlichen Ihre Hausarbeit,
  Bachelor- und Masterarbeit

- Ihr eigenes eBook und Buch -
  weltweit in allen wichtigen Shops

- Verdienen Sie an jedem Verkauf

Jetzt bei www.GRIN.com hochladen und kostenlos publizieren